MÜNSTERSCHWARZACHER KLEINSCHRIFTEN

herausgegeben
von Mönchen der Abtei Münsterschwarzach

Band 5

André Louf OCSO

Demut und Gehorsam

bei der Einführung ins Mönchsleben

VIER-TÜRME-VERLAG MÜNSTERSCHWARZACH
1979

André Louf OCSO

Demut und Gehorsam

bei der Einführung ins Mönchsleben

VIER-TÜRME-VERLAG MÜNSTERSCHWARZACH
1979

CIP-Kurztitelaufnahme der Deutschen Bibliothek

Louf, André

Demut und Gehorsam bei der Einführung ins Mönchsleben / André Louf. – Münsterschwarzach: Vier-Türme-Verlag, 1979.

(Münsterschwarzacher Kleinschriften; Bd. 5)

ISBN 3-87868-113-5

Gesamtherstellung: Vier-Türme-Verlag, D-8711 Münsterschwarzach

ISSN 0171-6360
ISBN 3-87868-113-5

Inhalt

ZUR EINFÜHRUNG

Der Text, den wir im 5. Band der Münsterschwarzacher Kleinschriften veröffentlichen, geht auf einen Vortrag zurück, den André Louf, Abt eines französischen Trappistenklosters, 1976 vor Oberen hielt. Er wurde nach einer Tonbandaufzeichnung in Benedictijns Tijdschrift 38 (1977) abgedruckt. Die deutsche Übersetzung, von Schwestern in St. Hildegard/Eibingen und Maria Frieden/Dahlem besorgt, erschien in Erbe und Auftrag 54 (1978) 343-364.

André Louf wendet sich an Obere. Doch seine Gedanken sind für alle nützlich, die einen geistlichen Weg gehen wollen. Jeder, der sich auf den Weg macht, ein religiöses Leben zu führen, wird den Gefährdungen begegnen, die Louf aufzeigt: der Fehleinschätzung seiner selbst, der Verdrängung seiner Schattenseiten und der Faszination durch ein Ideal, das ihm Gotteserfahrung oder Belohnung durch Gott verheißt, aber letztlich den Blick auf den wirklichen Gott verstellt. Viele begeistern sich für ein Ideal und versuchen, unter Einsatz aller Kräfte diesem Ideal nachzustreben und es zu erreichen. Dabei merken sie gar nicht, wie sie an sich selber vorbeileben, wie sie die eigene Wirklichkeit verleugnen, die Gott ihnen zugemutet hat. Es ist ein Gesetz des geistlichen Lebens, daß wir zu Gott nur über die Erfahrung der eigenen Schwäche finden. Denn Gottes Kraft kommt gerade in der menschlichen Schwachheit zur Vollendung.

Loufs Darlegungen sind vor allem für die eine große Hilfe, die andere Menschen geistlich führen sollen. Dabei überrascht das Thema, unter dem der Abt die geistliche Führung behandelt. Denn weder Demut noch Gehorsam sind heute sehr gefragt. Und doch legt der Autor überzeugend dar, wie entscheidend das richtige Verständnis und die eigene Verwirklichung von Demut und Gehorsam für die rechte Begleitung und Führung von suchenden Menschen sind.

Louf entlarvt all die frommen Begriffe, die wir oft im Mund führen, und die häufig nur dazu dienen, unsere eigentlichen Bedürfnisse und Sehnsüchte zu verdecken. Solange aber in unserer Suche nach Gott unsere tiefen menschlichen Bedürfnisse nach Liebe und Geliebtwerden, unsere Gefühle und Wünsche verdrängt werden, solange kann unsere Frömmigkeit nicht ausstrahlen, sie wird verbissen, verkrampft, freudlos. Louf weist Wege zu einer Frömmigkeit, die den ganzen Menschen ernst nimmt, seine Gefühle und Bedürfnisse, seine Sehnsüchte und Wünsche. Damit gibt er Kriterien an, die man bei der geistlichen Führung zu beachten hat, vor allem bei jungen Menschen, die fasziniert von einem Ideal meinen, sie könnten mit Gewalt ein besserer Mensch werden. Oft genug ist ein hohes Ideal und das Streben nach seiner Erfüllung Ersatz für mangelndes Selbstwertgefühl. Doch solange dieser Zusammenhang nicht durchschaut ist, ist der junge Mensch nicht wirklich auf dem Weg zu Gott, sondern er sucht nur sich und sein gesteigertes Selbstwertgefühl, für das er Gott als vermeintlich wirksamstes Mittel einsetzt.

Man merkt es den Darlegungen André Loufs an, daß er, der seit Jahren an der Spitze eines Trappistenklosters steht, aus reicher eigener Erfahrung spricht. Die Unmittelbarkeit, die die persönliche Erfahrung seinen Darlegungen gibt, tut wohl. Louf kennt nicht bloß die monastische Tradition, sondern ebenso gut die moderne Psychologie. Die geistlichen Erfahrungen des Mönchtums und die wissenschaftlichen Erkenntnisse heutiger Psychologie fließen in seiner persönlichen Erfahrung fruchtbar zusammen.

Wir hoffen, daß die Veröffentlichung von Loufs Vortrag vielen eine Hilfe auf ihrem Weg zu Gott wird, einem Weg, der nicht an uns selber vorbeiführt, sondern uns nur über uns und unsere wirklichen Bedürfnisse in die Gnade Gottes treibt. Und vielleicht wird manch einem deutlich, wie befreiend eine Gnade ist, die in unserer Schwachheit zur Vollendung kommt.

Münsterschwarzach, 1. 8. 1979

Anselm Grün OSB

I

Einer unserer modernen Theologen sagte einmal, der Begriff Reue – und Reue hat ja mit Demut zu tun – sei heute so problematisch geworden, daß es am besten wäre, ihn für einige Zeit (etwa ein halbes Jahrhundert lang, schlug er vor) aus unserem Vokabular zu streichen, damit wir Gelegenheit bekämen, ihn schließlich neu zu entdecken, ja, ihn wiederzuentdecken, wie er ursprünglich aus der Bibel und der geistlichen Erfahrung entspringt. Das Wort ist so sehr mit verbildeten Affekten im Menschen befrachtet, daß die Gefahr für uns groß ist, es falsch zu verstehen und damit niemals zur echten evangelischen Demut zu kommen. Dazu möchte ich aber gleich bemerken, daß es schon immer schwierig war, über die Demut zu sprechen, und daß die Lehrer der Tradition – die Altväter so gut wie die Väter der neueren Zeit – sich dessen immer bewußt waren. Man erkannte dies früher sehr klar. Ein Beispiel dafür wird uns noch begegnen.

Wieso hatte man früher ein so gutes Gespür dafür, und wieso besteht die Gefahr, daß wir es heute weniger deutlich erkennen? Ich glaube, daß man früher stärker als heute – das ist kein Vorwurf, sondern einfach eine Feststellung – aus dem lebte, was man *Diákrisis* nennt, aus dem Charisma der Diakrisis oder der Unterscheidung der Geister. Das war früher einfacher als heute, glaube ich, denn heute ist das geistliche Leben gewissermaßen kondensiert, sehr stark verdichtet und erstarrt zu einer objektiven Lehre, zur Doktrin. Man erteilt Unterricht in Spiritualität.

Mit anderen Worten: Das geistliche Leben hat sich verfestigt zu einem gewissen Schema oder, um es mit einem anderen doppeldeutigen Wort zu sagen, zu einem Ideal. Früher war es weniger ein Ideal, dafür aber etwas sehr Konkretes, das einem greifbar, spürbar und wahrnehmbar vorgelebt wurde.

Diakrisis nun ist die Fähigkeit, von innen heraus, aus der eigenen Erfahrung mit dem Wachstum und der Entfaltung des Lebens im anderen in Fühlung zu kommen, dort eine verkehrte Entwicklung, eine etwaige Blockierung, eine Illusion zu erspüren und auf natürliche Weise wieder zurechtzubiegen.
Das Leben wird intuitiv erfaßt, das Leben spricht, es ist wahrnehmbar. Wir brauchen keine äußeren Richtlinien, um Leben zu erspüren. Im Nachhinein wurde auf ein Schema geschlossen, wurde ein rationales Schema erstellt, und das braucht man auch, um dieses Leben in begrifflicher Weise weitergeben zu können. In erster Linie aber ist das Leben nicht ein Ideal, sondern etwas sehr Konkretes. Es ist wahrnehmbar; man kann damit in Kontakt kommen.

Im Griechischen hieß jemand, der die Diakrisis besaß, *Dioratikós*, einer, der durchblickt, der durch die Maske hindurchschaut. Er sieht hindurch durch den falschen Schein, den einer vielleicht vortäuscht. Er durchschaut das Herz aus Stein und ahnt das zerknirschte Herz, das Herz aus Fleisch, das sich dahinter verbirgt und das nur frei werden kann in Erprobung und Erniedrigung: Prüfung und Erniedrigung spüren das wirkliche Leben in uns auf und befreien es. Das tiefe Leben des Geistes, das frank und frei ist. Und zugleich so wahrhaftig, so nahe dem Grund, das heißt dem Humus, dem, was *humilis* ist: wahrhaftig und demütig. Allein der Mensch, der den Boden, den Grund seines Wesens und seines tiefsten Fühlens berührt hat, kann spontan zutiefst wahrhaftig, wahrhaft demütig sein.

Hier ergibt sich ein sehr großes Problem für die Initiation in das Mönchsleben. Solange es um ein Demuts-Ideal geht, ist es ziemlich einfach, aber damit führt man keinen Menschen zur Demut. Dazu muß man sehr, sehr tief hinabsteigen können in diese menschliche Tiefe, wo die Demut Wirklichkeit wird.

Ich kann der Versuchung nicht widerstehen, einen Zeugen der neueren Tradition zu zitieren, der an dem, was man fälschlich „Demut“ nennt, erbarmungslos Kritik übt. Ich hätte auch jemanden aus der früheren Überlieferung anführen können, wie Isaak von Ninive, der sehr klar unterscheidet zwischen der Demut, um die man sich aufs äußerste bemüht, und der Demut, die als Krönung des monastischen Lebens vom Heiligen Geist geschenkt wird. Das Bild, das er vom wahrhaft demütigen Menschen zeichnet, ist außergewöhnlich schön. Auch beim heiligen Bernhard in seiner 44. Ansprache auf das Hohelied: Er spricht dort von der verstandesmäßigen Demut, der Demut *ex ratione*, und von der Herzensdemut, der Demut *ex affectu*. Erst diese zweite Form, die Herzensdemut, ist für ihn wahre Demut.

Doch hören wir einen Vertreter der französischen Tradition: Fénelon. Fénelon, der Erzbischof von Cambrai, ist ein wahrhaft geistlicher Mensch gewesen.

„Manche üben äußerlich die Demut, bleiben aber dabei weit von der wahren Demut des Herzens entfernt, über die wir soeben sprachen. Je demütiger sie sich wähnen, desto mehr bleiben sie in ihrem Hochmut stecken. Wer bewußt einen Akt der Demut setzt, hat die wahre Demut noch nicht erlangt, die tiefer sitzt als der äußere Akt. Denn wenn solche Menschen auch glauben, sie verhielten sich demütig, so haben sie dennoch eine sehr hohe Meinung von sich. Tatsächlich ist eine solche Demut nichts anderes als eine verkappte Form des Hochmuts. Wenn wir das Licht der Unterscheidung besäßen, könnten wir deutlich erkennen, daß sie dort, wo sie demütig zu sein glauben, sich selbst erhöhen; wo sie sich zu verlieren meinen, ihren eigenen Vorteil suchen, und sich schließlich weiden an der Ehre und prahlen mit dem Besitz hoher Tugend in all dem, was sie für Demutsakte halten. Ein wahrhaft demütiger Mensch unternimmt nichts und sträubt sich gegen nichts; er läßt sich leiten und führen, wohin man will."

Diese Gedanken, die im Original zwei bis drei Seiten Text umfassen, habe ich hier kurz zusammengerafft. Aber Sie spüren, wie klar man in der Tradition diese Gefahr der Verzerrung im Spiegelbild erkannt hat. Es war anscheinend immer schwierig, über die Demut zu sprechen. Wenn die Diakrisis heute seltener und schwieriger geworden ist, dann deshalb, glaube ich, weil wir in unserem heutigen Kulturschema irgendwie auf einer sehr schmalen Basis „leben" und von einer sehr breiten Basis her denken und reflektieren. Wir projizieren ein Ideal in eine Überzeugung hinein. Die Überzeugung mag dann tief sein; wenn wir jedoch diese Überzeugung benutzen, um nicht mehr aus unseren tiefsten Verlangen zu leben, aus unserem tiefsten geistlichen und menschlichen Fühlen, dann können wir im Leben selber nur schwer weiterwachsen. Glücklicherweise gibt es noch die Humanwissenschaften, die uns zu Hilfe kommen, um die unbarmherzige Kritik eines Fénelon auf mehr wissenschaftliche Weise aufzugreifen. Das ist vielleicht auch notwendig.

Ich weiß nicht, ob Sie den französischen Psychologen Hesnard kennen. Mit seinem Buch *Morale sans péché* (Moral ohne Sünde) hat er in Frankreich bahnbrechend gewirkt. Hesnard hat große Erfahrung als Psychoanalytiker. Er ist kein gläubiger Christ, doch steht er dem Katholizismus und dem Christentum, Jesus Christus und dem Evangelium voll Achtung gegenüber. Er hat auch großen Respekt vor den vielen gläubigen Menschen, die er als Psychoanalytiker behandeln mußte. Und er stellt fest, daß er, wenn er die von seinen Patienten geäußerten Schuldgefühle untersucht, ein bestimmtes Verständnis von Sünde und vom Bösen sich aneignen kann. Wenn er jedoch diesen Begriff von Sünde mit allem, was er umfaßt, analysiert und ihn vergleicht mit der Sünde, wie sie objektiv in der Bibel, vor allem im Evangelium zur Sprache kommt, sowie mit der dort dargestellten menschlichen Haltung gegenüber der Sünde, dann decken sich die beiden Bilder nicht. Mit anderen Worten: Diese tiefgläubigen Menschen haben ein Schuldgefühl, das in keiner Weise mit dem evangelischen Schuldbegriff und mit der evangelischen Reue übereinstimmt, wie er sie, als Nichtglaubender, aber als Mann der Wissenschaft, in den Texten des Evangeliums zu erkennen vermag. Hier stoßen wir auf das psychologische Schuldgefühl. Es gehört zur normalen Struktur eines jeden Menschen, ist aber bei manchen Menschen – sagen wir lieber: heute bei vielen Menschen – stark überzogen und affektgeladen, und bedarf deshalb einer tiefgreifenden

Läuterung, wenn wir wirklich zu der Erfahrung unserer äußersten Schwachheit durchstoßen wollen, bei der letztlich die Gnade in uns ansetzen kann.

Er stellt auch fest, daß dieses Schuldgefühl, im Gegensatz zu allem, was die Tradition über das wahre *pénthos,* die wahre Reue sagt, seine Patienten lähmt. Dieses Schuldgefühl verursacht eine vollständige Lähmung der Persönlichkeit; es führt die Menschen nicht zueinander und, so schließt er, also auch nicht zu Gott, nicht zu dem wahren Gott, dem Gott des Christentums, den er aus dem Evangelium zu erkennen glaubt. Es handelt sich dabei um ein Gottesbild, das eine Projektion der Angst vor dem Vater ist, des Bedürfnisses nach Anerkennung, nach Liebe usw. Dieses Schuldgefühl bleibt eigentlich ganz und gar auf den Patienten selbst gerichtet, ist egotelistisch: der *télos,* das Ziel ist der Mensch selbst. Es bildet eine Art Mauer, die er geschickt zwischen sich und den anderen hochgezogen hat, vielleicht auch zwischen sich und Gott. Möglicherweise um zu verhindern, daß gerade das geschieht, was geschehen müßte: daß er mit der falschen Abwehr durch sein mehr oder weniger krankhaftes Schuldgefühl konfrontiert wird, und daß er sich mit seiner tiefsten, wahren Schwachheit Gott gegenübergestellt sieht. Hesnards Kritik wurde später auch von anderen Psychologen übernommen und ausgearbeitet, zum Beispiel von Chauchard in seinem Buch *Vices des vertus et vertus des vices* (Die Untugend der Tugenden und die Tugenden der Untugend) – ein sehr merkwürdiges Buch, in dem er als Katholik und Glaubender die gleiche Frage stellt.

André Berge schrieb *Les maladies de la vertu* (Die Krankheiten der Tugend). Wo es um Tugend geht, sollten wir jedes Mal ein Fragezeichen setzen: Inwiefern rühren wir hier an die tiefste Wahrhaftigkeit, den tiefsten Wert und den tiefsten Adel des Menschen?

Ich denke auch an den katholischen Psychoanalytiker Charles Nodier mit seinem Buch *Les deux sources, consciente et inconsciente de la Morale* (Die zwei Quellen, echte Moral und falsche Moral).

Was erschwert es uns heute so, über die Demut zu sprechen und vor allem zur Demut hinzuführen? Ich glaube, zwei Dinge:
1) die starke Idealisierung des Klosterlebens
2) die Tatsache, daß die Demut in verkehrter Weise mit dem erwähnten psychologischen Schuldgefühl in Verbindung gebracht worden ist.

1) Die starke Idealisierung des Klosterlebens

Gehen wir von einem konkreten Fall aus. Ein junger Mann meldet sich bei uns und glaubt sich für unser Leben berufen. Diese Berufung – wenn Berufung vorliegt, und das will ich nicht in Zweifel ziehen – ist wegen des Kulturschemas, in dem wir heute leben, naturgemäß eng verwoben mit einem gewissen humanistischen Vollkommenheitsstreben. Dieser junge Mann ist von einem gewissen monastischen Ideal begeistert. Er erkennt dessen Schönheit, Adel und Erhabenheit. Das kontemplative Leben wurde ihm dargestellt als das, was das Evangelium „den besten Teil" nennt. Das alles appelliert an seine Großmut,

und er ist bereit, hochherzig zu antworten. Er hat eine Entscheidung gefällt. Er wird große Opfer auf sich nehmen. Er setzt sich entschieden ein, um dieses Ideal zu erreichen. Er will – und welcher Novize will das nicht? – ein guter Mönch werden. Er will ein vorbildlicher Mönch werden (das Wort ist sehr zweideutig), er will ein vollkommener Mönch werden, vielleicht sogar ein heiliger Mönch. Mit seiner ganzen Begeisterung und Energie geht er daran. Der heilige Benedikt kennt das; er nennt es den *fervor novitius*, den Neulingseifer: er ist also auch nicht ganz glücklich darüber. Und wir nehmen den jungen Mann auf, wie er kommt, und wir müssen ihn so annehmen, denn er kann gar nicht anders sein.
Ich will überhaupt nicht bezweifeln, daß er Beruf hat. Aber seine Berufung ist verwoben mit diesem heidnischen Vollkommenheitsstreben. Dem jungen Mann ist das jedoch durchaus nicht klar. Er weiß nicht, daß dies nicht dem Evangelium entspricht, daß sein Streben eigentlich gerade in die der evangelischen Heiligkeit entgegengesetzte Richtung geht. Heiligkeit nach dem Evangelium findet ihren Ausdruck in dem Wort: „Wer sich erhöht, wird erniedrigt, und wer sich erniedrigt, wird erhöht werden." Sein Bemühen steht vor allem im Gegensatz zu der bekannten Parabel, in der Jesus diese zwei einander entgegengesetzten Richtungen im Pharisäer und im Zöllner deutlich personifiziert hat. Der Pharisäer repräsentiert das gutgemeinte, jedoch rein menschliche Vollkommenheitsstreben, das Jesus verwirft. Er spielt sich auf mit seinen eigenen Taten, mit seiner eigenen Kraftanstrengung. Er ist alles andere als bescheiden und dankt dem Herrn, daß er so gut ist (!). Der Zöllner aber stellt sich auf den letzten Platz, den

Platz seiner Schwachheit. Er kennt diese Schwachheit, er nimmt sie an, er ist mit ihr ausgesöhnt – etwas, was für den Pharisäer unmöglich ist. – Er ist versöhnt, aber aus dieser Schwachheit heraus ruft er zu Gott. Er hat sich auf den Platz gestellt, der der Vollkommenheit entgegengesetzt ist. Und doch, dieser Gegensatz zur Vollkommenheit findet Gnade in den Augen Jesu, der nicht für die Gerechten gekommen ist, sondern für die Sünder. Demut und barmherzige Liebe, sagt er, sind viel wichtiger als alle großmütigen, heldenhaften, selbstgeplanten Opfer. Die Zöllner und Dirnen werden euch vorangehen ins Reich Gottes, verkündet er sogar.

Unser junger Mann sieht also nicht ein, daß sein Vollkommenheitsstreben irgendwo nicht mit dem Evangelium übereinstimmt. Und noch etwas erkennt er nicht: In sich trägt er ein unbewußtes Vollkommenheitsstreben. Es steckt tief in seinem Unterbewußtsein und wird ihm durch das auferlegt, was die Psychologie das Über-Ich nennt. In sich trägt er ein ideales Ich, mit dem er in Frieden leben muß. Wie Sie wissen, ist das eine Verdichtung all dessen, was der junge Mensch jemals als Autorität erfahren hat. Diese Autorität fordert etwas von ihm, und mit dieser Autorität muß er unbewußt in Frieden leben – und nicht nur in Frieden, sondern auch in Liebe. Die Bindung an diese Instanz ist ein unbewußtes Verlangen nach Liebe, nach Geborgenheit, nach affektiver Sicherheit. In dieser unbewußten Instanz liegt nämlich alle Autorität, alle Kraft, aber auch alle Sicherheit beschlossen. Sie stammt aus dem unbewußten Bild, das er von seinem Vater als Autoritätsträger mitbekommen hat, und seinem inneren Bedürfnis, mit dem Vater in Frieden und Liebe zu leben; unter Umständen kann auch, jedenfalls zum Teil, das Bild seiner Mutter stark mitbeteiligt sein.

Der junge Mensch ist sich all dessen natürlich nicht bewußt. Vielleicht spürt er nicht einmal, daß er nicht er selbst sein darf. Vielleicht wird er immer unsicher bleiben. Vielleicht fühlt er sich nirgends geliebt und setzt sich daher sehr tapfer für irgendein ganz hochstehendes Ideal ein, mit unermüdlichem Eifer. Vielleicht ist das die einzige Möglichkeit für ihn, sich irgendwie – sehr unbestimmt – geliebt zu fühlen, und auch die einzige Möglichkeit – auf eine noch viel unbestimmtere und unbeholfenere Weise – lieben zu dürfen und zu können. Wenn wir dieses Wort hier überhaupt gebrauchen dürfen, denn ein Mensch, der so ichbezogen lebt, kann eigentlich nicht aus sich heraustreten, um wirklich Liebe zu schenken. Ohne es zu wissen, ist er ein Sklave dieser unbewußten Instanz. Er steht auf eine bestimmte Weise unter der Knute, ist unfrei. Ich glaube, wenn wir einen Menschen geistlich begleiten, stoßen wir sehr oft auf ein derartiges Über-Ich, das wir dann zuweilen das Gewissen nennen. Es kann natürlich das Gewissen sein, aber es kann auch etwas ganz anderes sein.

Dieser junge Mensch hat also sein objektives, nach außen projiziertes Ideal. Er hat außerdem eine unbewußte Instanz in sich, mit der er in Liebe leben muß, die er aber normalerweise überhaupt nicht erkennt. Und in dieser Spannung lebt er. Nun wird er in der monastischen Literatur selbst einen hochwillkommenen Helfershelfer für diese unbewußte Instanz finden. Ich habe nichts gegen die monastische Literatur, wie Sie wissen; ich möchte nur aufzeigen, wo die Gefahren liegen. Er wird einen unbewußten Helfershelfer finden, nicht in dem, was diese Literatur zu sagen hat, sondern in der Weise, wie er sie liest, wie sie bei ihm „ankommt".

Im Neuen Testament kommt das Wort *téleios*, „vollkommen" vor: Willst du vollkommen sein, dann tu dies . . . Vor allem seit Origenes macht sich in diesem Punkt der neuplatonische Einfluß geltend. Diese geistliche Erfahrung wird dann mit dem Vokabular nicht-christlicher Vollkommenheitsmodelle umschrieben: Man ersteigt einen Berg, man strebt nach einem Gipfel, es wird von Leitern mit Sprossen, von Stufen usw. gesprochen. Der heilige Benedikt wagt sogar den Widerspruch in sich, indem er die Begriffe der Demuts-Leiter und des *summae humilitatis culmen*, der „höchsten Niedrigkeit Gipfel" einführt. Aber Benedikt läßt sich dadurch nicht irreführen; er hebt eigens kurz hervor, daß man auf dieser Leiter durch Hinabsteigen aufwärts steigt und durch Hinaufsteigen abwärts. Und was noch bedeutsamer ist: Er sagt auch, wenn wir gut hinhören, daß niemand auf eigene Faust die Entscheidung treffen kann; keiner *muß* diese Leiter ersteigen; man kann diese Leiter nicht selbst wählen. Nur der göttliche Ruf, der auch die Sprossen zum Aufsteigen einsetzt, stellt uns auf die Leiter. Es ist Gott, der einen Menschen ruft und ihm dann auch die Gnade gibt. Wollten wir es aus eigener Kraft tun, es käme nichts dabei heraus.

Der junge Mensch hat also bewußt sein Ideal. Er trägt auch unbewußt ein Ideal in sich, und für dieses unbewußte Ideal findet er einen Helfershelfer in der Regel, oder sagen wir, in der monastischen Tradition. Doch der gefährlichste Helfershelfer ist bestimmt der Novizenmeister und unter Umständen der Abt, der Beichtvater, der geistliche Begleiter. Und über diesen Personenkreis hinaus auch noch das unbewußte Vollkommenheitsstreben, das in einer Kommunität lebt; auch dem muß er sich anpassen. Es wird von ihm ein bestimmter Vollkommenheitsstil verlangt, auch manche äußeren Zeichen der Demut, der Unterordnung, der Brüderlichkeit, des Gehorsams usw. Und das ist es ja gerade, was ein junger Mensch, wenn er so narzißtisch orientiert ist, nötig hat, um mit seiner unbewußten Angst ins reine zu kommen; gerade das braucht sein Unterbewußtsein, um Sicherheit zu erlangen. Er findet die unbewußten Forderungen seines Über-Ich in sehr konkreter Weise verkörpert in einem andern, der für ihn steht, und diese Tatsache stärkt das Über-Ich nur noch mehr. Er hat die unbewußte, aber sehr konkrete Hoffnung, mit diesem anderen eine beruhigende affektive Bindung herzustellen. Es muß zu einer beruhigenden affektiven Bindung mit dem Abt, dem Novizenmeister und eventuell auch mit der ganzen Kommunität kommen. Das ist nur möglich, wenn er den unbewußten Forderungen dieser Menschen Gehör schenkt. Novize und Novizenmeister – man muß darüber im klaren sein – können sich hier unbewußt in einer sehr negativen Weise aufeinander einspielen. Die meisten, wir selbst also, haben Bedürfnis nach einem demütigen Novizen, dessen Aggressivität oder Affektivität keine unerwarteten und gefährlichen Fragen an unsere eigenen Lebensmöglichkeiten stellt, die ja auch immer ein bißchen eingegrenzt sind in der Tiefe. Und der Novize wird sich schon bald darüber klar, daß das Demutsmodell eine sehr primitive, aber sehr beruhigende und reelle Bindung an die Person des Novizenmeisters, des Abtes usw. bewirkt. Eine eifrige (!)

Übung der Demut ist in jeder Hinsicht sehr beruhigend und befriedigend für beide Seiten. Jedenfalls für eine kurze Zeit und als eine höchst egotelistische, ichbezogene Abwehrposition. Denn auf die Dauer, wenn wirklich etwas „geschieht“, wenn sich wirklich etwas ereignet in diesem Leben, wirkt diese Art Demut nur lähmend und sehr bedrückend. Denn dieses Demutsideal steht oft nur in ganz schwacher, zuweilen in gar keiner Verbindung mit den konkreten Bedürfnissen, Nöten und Schwächen dieses Menschen. Der wahre Boden für seine Demut liegt aber dort, in seiner tiefsten Tiefe, dort, wo er wirklich schwach ist, und nicht in seinem Ideal. Das ist alles nur eine irreale Abschirmung. Es geht entsetzlich viel Energie dabei verloren, und ein solcher Mensch ist gewöhnlich auch ständig müde und chronisch depressiv, leidet an Kopfschmerzen, schläft schlecht, sein Magen und sein Rücken machen ihm zu schaffen. Denn der Körper muß diese ganze unbewußt verschwendete Energie verarbeiten. Vor allem aber, auch wenn dieser Mensch äußerst tapfer und edelmütig ist: Es blüht nichts auf in ihm. Er strahlt nichts aus. Er kann kein Leben weitervermitteln. Er lebt nur von Überzeugungen, von billigem Enthusiasmus, von Angst, von angstbeladenen Verhaltensmustern und Verpflichtungen. Er erreicht allerhöchstens eine mehr oder weniger gute Anpassung. Aber das genügt in keiner Weise. Irgendwo muß ein Durchbruch stattfinden in seine tiefste Schwachheit hinein. Dann erst kann es beginnen. Das ist hier die Methode, wenn ich mich so ausdrücken darf.

Ich erinnere mich noch – ich denke mit einem gewissen Unwillen daran –, als ich Novize war, besuchte uns ein französischer Abt, der uns – das gibt es heute nicht mehr – eine Konferenz über die Demut hielt. Er sprach auch über die siebte Demutsstufe: „Der Mönch muß sich als der letzte und unwürdigste Sünder fühlen." „Das ist natürlich eine große Aufgabe", sagte er, „aber es wird Ihnen schon gelingen." Ich horchte mit gespitzten Ohren. „Das ist einfach", sagte er, „wir brauchen nur zu denken: Ich bin eigentlich weniger wert als dieser Verbrecher, dieser Mörder da. Denn hätte dieser Mörder dieselben Gnaden empfangen wie ich, hätte er es viel weiter gebracht." Das nennt man das objektive Modell. Es ist sehr beruhigend. Aber wenn man so spricht, wo steht man dann eigentlich? Wohin stellt man sich? Woher wissen wir, daß wir größere Gnade empfangen haben? Vielleicht ist die Tatsache – ich sage jetzt etwas Schreckliches –, daß er ein Mörder ist, die größte Gnade? Denn: die Mörder und die Sünder und die Dirnen werden euch vorangehen in das Reich Gottes. Das Wort Jesu ist viel einfacher, viel klarer, viel einleuchtender. Es setzt aber voraus, daß ein Durchbruch stattgefunden hat, daß die Gnade die Schwachheit gefunden hat: Sie hat angeknüpft an eine Schwachheit und nicht an ein Ideal.

Nach dieser ersten Analyse dürfen wir vielleicht auch etwas Positives über das Streben nach Vollkommenheit im klösterlichen Leben sagen.

Es ist also falsch, von einem hohen Ideal her zu leben. Aber wie sollen wir dann leben und wie andere hinführen zu Demut und Gehorsam? Wir müssen lernen, aus unserer tiefsten Sehnsucht, aus unseren Bedürfnissen und Nöten zu leben. Die müssen nach oben kommen, müssen zu ihrem Recht kommen. Denn in ihnen strömt unser wirkliches menschliches Leben in seiner ganzen Tiefe. Auch wenn es sich anfangs mit Gefühlen und Verlangen anmeldet, denen wir nicht zustimmen können, auch wenn diese Verlangen noch der Diakrisis unterworfen, durchschaut werden müssen, so werden wir doch lernen müssen, aus dieser äußersten Verwundbarkeit zu leben, aus unserer eigenen Schwachheit. Auf den ersten Blick mag das gefährlich erscheinen. Aber allmählich kommen wir zu der Erkenntnis, daß es eigentlich nicht gefährlich ist, daß gerade dort unsere tiefste Kraft verborgen liegt, die Quelle unseres Wachsens und all unserer Wachstumsmöglichkeiten. Das ist schon auf rein menschlicher Ebene wahr. Aber es ist auch in einem noch viel tieferen Sinn wahr, nach dem Evangelium: Wenn ich schwach bin, dann bin ich stark. Denn aus unserer Schwachheit leben heißt aus der Gnade leben. Die Gnade knüpft ja nur an unsere Schwachheit an. Nur hier kann ein wirkliches Mönchsleben aufblühen. Indessen bleibt die Gefahr der humanistischen Vollkommenheit oder der Gesetzesfrömmigkeit, die wir alle nur zu gut kennen, immer bestehen; immer wieder macht sie sich geltend.

Vielleicht wäre die wirkliche Dekadenz erstlich und vor allem darin zu sehen, daß wir auf die Dauer aus einem hochgespannten, starren Ideal leben würden, das eigentlich eine Abschirmung gegen unsere wirkliche Schwachheit darstellte. Notwendigerweise würden wir dann die Fühlung mit dem Leben der Gnade verlieren, das nur in unserer Schwachheit wahrnehmbar ist. Hier paßt ein Wort von Kierkegaard: „Die größte Ketzerei des Christentums (und er meint damit den Katholizismus) war es zu glauben, der Gegensatz zur Sünde sei die Tugend. Nein, der Gegensatz zur Sünde ist die Gnade."

2) Demut und Schuldgefühl

Eine zweite Schwierigkeit für die konkrete Einübung in die Demut liegt in dem Umstand, daß Demut und auch Reue seit dem vorigen Jahrhundert in verkehrter Weise mit unbewußten Schuldgefühlen in Verbindung gebracht werden, und zwar auf zweierlei Art. Demut ist häufig psychologisch beladen mit Gefühlen der Schuld, der Selbstvernichtung, der Selbstbestrafung usw. Das ist eine neurotische Form der Demut, oder nennen wir es falsche Demut. Verständlich: Wer unbewußt aus einem hochgespannten Ideal heraus lebt, um mit dieser unbewußten Instanz in sich ins reine zu kommen, der erfährt durch diese Instanz immer wieder sehr schmerzliche Vorwürfe, die bei ihm Schuldgefühle wecken, ein Gefühl der Angst, der Nötigung, sich einer Strafe zu unterziehen – und diese Forderungen werden im Unterbewußtsein immer wieder verworfen, denn damit kann man schließlich nicht leben.

Hier kommt nun das von außen angebotene Demutsideal zu Hilfe. Es bietet eine günstige Gelegenheit, diese unbewußten Gefühle nach außen abzureagieren. Diese Demut ist eine Art Ventil. Wir lassen – wenn ich es so ausdrücken darf – ein wenig Dampf von Demut und Angst nach außen ab, um uns einigermaßen mit dieser unbewußten Instanz in uns zu versöhnen. Aber was sich so als übernatürliche Demut präsentieren kann, ist, menschlich gesehen, aussichtslos, es ist unfruchtbar. Es kann vorübergehend die Spannung etwas lockern, aber die Instanz bleibt, die unbewußten Forderungen bleiben und die Angstgefühle häufen sich wieder an. Und es ist immer wieder eine ichbezogene Demut, die nie in Gott ausmündet. Es ist eine Demut, die unbewußt kein anderes Ziel hat, als den selbstgestellten, unbewußten Forderungen einigermaßen zu genügen. Es ist irgendwie eine hochmütige Demut, wie Fénelon sagt. Es ist ein Teufelskreis. Wahrscheinlich hat es das im Menschen immer gegeben, aber in den letzten Jahrhunderten hat es sich stärker entwickelt, vermutlich vor allem in der bürgerlichen Moral des 19. Jahrhunderts. Man denke etwa an die Viktorianische Moral in England, die noch heute die gesamte englische Spiritualität schwer belastet. Ich denke hier auch an die starke Gesetzesfrömmigkeit des Calvinismus, der man in den nördlichen Niederlanden begegnet.

Im Augenblick erhebt sich dagegen eine heftige Reaktion, und das ist verständlich. Unbewußt tragen wir alle diese Reaktion in uns. Und selbst bei einem Mönch, der peinlichst genau die Observanzen beobachtet, kann diese Reaktion in einem unbewachten, gesegneten Augenblick hervorbrechen. Gott sei Dank, wenn das einem Menschen zustoßen darf! Diese Reaktion besteht in einer aggressiven Auflehnung gegen alle von außen, eigentlich aber von innen her auferlegten Forderungen. (Man sagt, von außen, aber eigentlich sind es die von innen auferlegten Forderungen des Über-Ich.) Das ist die komplementäre Etappe. Der Mensch reagiert, lehnt sich auf – aber es ist noch immer dieselbe Angst. Er ist noch immer seiner Angst versklavt. Er ist noch immer nicht frei. Er glaubt nun, frei zu sein, und er schreit laut, daß er frei sei und frei werden wolle. Das kennzeichnet unsere Situation in der Kirche seit dem Konzil. Aber man ist noch immer jener unbewußten Instanz versklavt. Und man wirft alle Verpflichtungen ab: Freiheit um jeden Preis, Bindungslosigkeit im Vollsinn des Wortes. Alle psychologischen Bande werden zerrissen, *morale sans péché*, Moral ohne Sünde. Es ist immer dieselbe Angst, die vor sich selber bang geworden ist und sich Hals über Kopf in eine Scheinwelt stürzt, für die der Preis noch nicht einmal bezahlt ist. Und dann sind Demut, Reue, Schuld, Sünde und Schwachheit zu unerträglichen Begriffen geworden.

Das ist, wie mir scheint, in etwa unsere heutige Situation. Offensichtlich haben wir unsere neurotische Demut als sehr schädigend und lähmend empfunden. Nun können wir keine Form der Demut mehr akzeptieren. Zuweilen geht das sehr weit. Man zieht auch das moralische Gesetz in Zweifel. Warum? Weil man völlig verlernt hat, sich wie der Zöllner des Evangeliums auf den letzten Platz in der Kirche zu stellen, um vorläufig noch in seiner Schwachheit zu stehen und seine Sünden zu bekennen. Oder lieber: Im Bekenntnis der Sünden vor dem Angesicht Gottes seine Barmherzigkeit zu feiern.

Heute sagt man: Aber eigentlich *ist* das keine Sünde . . . Das gilt auch für all die Schwierigkeiten auf dem Gebiet der Ehemoral, scheint mir. Man sieht, daß Rom durch die Festsetzung objektiver Normen reagiert, die nicht nur sein dürfen, sondern sein müssen. Aber das hat keinen unmittelbaren Bezug zur konkreten Praxis, das spüren wir alle. Die Schwierigkeit liegt nun darin, daß heute niemand wie der Zöllner gestehen wird: Ich bin noch nicht so weit, ich kann das eigentlich noch nicht nachvollziehen, ich muß noch zu meiner Schwachheit stehen; Gott wird mir dann die Gnade schenken. Nein, heute reagiert man neurotisch und sagt: Aber es war keine Sünde!

Ein anderes Beispiel aus unserem Aggiornamento. Wir dürfen sagen: Auch der heilige Benedikt hat gewisse Zugeständnisse gemacht. Er hat das Psalterium etwas erleichtert, er hat den Mönchen Wein erlaubt. Aber Benedikt sagt, er tue es mit dem *rubor confusionis*, schamrot vor Verwirrung, denn im Vergleich mit den Vätern leben wir träge und nachlässig (RB 73,7). Er stellt sich auf den letzten Platz. Die Erleichterungen sind ein Zugeständnis an die heutige Schwäche.

Wenn wir irgendwelche Neuerungen eingeführt haben, so meinen wir meist: Das Alte war Unsinn, so etwas tut man heute nicht mehr, das kann man nicht mehr verlangen. Wir ziehen also das, was früher geschah, in Zweifel, indes wir eigentlich sagen müßten: Wir können das heute nicht mehr. Wir müßten zu unserer Schwäche stehen. Gott wird in seiner Barmherzigkeit an das Geständnis unserer Schwäche anknüpfen. Doch das erfordert freilich eine andere Mentalität.

Dies alles erschwert es uns heute in besonderem Maße, über die Demut zu sprechen sowie zu erkennen, wo ihre Chancen liegen, wo der Heilige Geist sie aufgebrochen hat. Ich benutze hier das Wort „aufbrechen", weil ich glaube, daß es einigermaßen das Wirken des Heiligen Geistes in uns zum Ausdruck bringt. Er muß tatsächlich etwas sehr Tiefes in uns gewaltsam freilegen. Diesen Berührungspunkt in uns, wo die Gnade Gottes an unserer Schwachheit – ich spreche hier lieber noch nicht von Sünde –, an unserer Ohnmacht ansetzt und zur Kraft des Geistes wird. Dies kann der Geist nur, wenn er zerschlägt, wenn er aufbricht. Er muß Mauern, Befestigungen, Burgen zertrümmern. Er muß unser Herz zermalmen, *conterere cor*. Es gibt dafür den schönen

Ausdruck vom zermalmten, zerknirschten Herzen, *cor contritum*. Er muß uns aus dem Sattel heben, wie er es mit Paulus auf dem Weg nach Damaskus gemacht hat. Das tut er von außen her durch Dinge, die sich ereignen, durch ein Geschehnis, aber er tut es auch von innen her.

Vielleicht ist es gut, noch kurz dabei zu verweilen. Das Leben des Geistes wurde bei unserer Taufe ganz tief in uns ausgesät, in den Grund unseres Wesens, um mit Ruusbroec zu sprechen. Dieses Leben muß in uns Wurzeln schlagen und sich langsam entwickeln. Wo ist dieses Leben? Man könnte sagen, in unserem Herzen, in unserem tiefsten Innern, irgendwo sehr tief in dem geistlichen Organ, das uns für Gottes Gnade empfänglich macht. Aber es ist auch nicht wegzudenken aus unserem Leib, aus unserer Psyche und aus all den mehr oder weniger schiefgewachsenen psychischen Strukturen. Die Gnade wird sich durch all diese Strukturen hindurch einen Weg bahnen müssen. Durch diesen Boden, durch diese Materie hindurch wird die Gnade Wurzeln treiben. Das geistliche Leben ist nicht so etwas wie eine Oberflächenschicht unseres Seins, eine Art Deckmantel, der über alles gebreitet wird, um das Unterbewußtsein, die Psyche zu überspannen und zu bedecken und sozusagen kusch zu halten. Es ist eher umgekehrt, wenn ich mich so ausdrücken darf: Die Gnade reicht tiefer als unser Unterbewußtsein. Sie ist das Allertiefste in uns, und sie muß durch Psyche und Leib hindurch zum Wachsen kommen. Und normalerweise wird dies unsere Psyche aufwühlen, abbrechen und wiederaufbauen, verwunden und heilen, geradebiegen.

Der ganze Mensch muß so geheilt und gerettet werden. Und dieser Durchbruch der Gnade ist auch Abbruch. Er ist immer schmerzhaft. Er führt den Menschen immer in seine tiefste Schwachheit hinein, zu seinem Tiefpunkt, zu seinem Nullpunkt – ich glaube, auch zu dem Punkt seiner äußersten psychischen Schwäche. Die entscheidende geistliche Prüfung in seinem Leben bringt den Mönch an den Rand der Verzweiflung, an die Schwelle der Möglichkeit, den Verstand zu verlieren. So weit kann es kommen, wenn er nicht durch die Gnade aus seiner tiefsten Schwachheit errettet wird. Das ist nicht verwunderlich; wenn die Mauern der falschen Demut und der falschen Vollkommenheit zertrümmert sind, dann ist plötzlich aufs neue alles möglich. Der Mensch ist seiner Angst total ausgeliefert. Da kann kein Ideal mehr helfen – aber da ist Gott neu. Da kann Gott sich zeigen als die erbarmende Liebe: In unserer tiefsten Schwachheit wird, wie Paulus sagt, seine Gnade zur Kraft. Dieses Stehen in der Schwachheit, um hineingenommen zu werden in die rettende Liebe, das ist die Gnade der Demut. Es ist ein Wunder. Es ist das Wunder schlechthin, das den Menschen zur Ruhe bringt, das ihn sein Gleichgewicht finden läßt, das ihn in die tiefe Einheit führt, die Versöhnung mit seiner Zwiespältigkeit, das ihn hinführt zur tiefen Einheit und Versöhnung mit Gott und mit allen seinen Brüdern. Es ist wirklich ein Wunder.

Sie kennen den Text Isaaks von Ninive: „Wer seine Sünden kennt, ist viel größer als einer, der einen Toten auferweckt. Wer eine Stunde lang wirklich über sich selbst weinen kann, ist größer als einer, der die ganze Welt unterrichtet; wer seine eigene Schwachheit kennt, ist größer als einer, der die Engel schaut.“

II

Nach dieser Besinnung über die konkreten Schwierigkeiten für den jungen Mönch, demütig zu sein, kommen wir nun zu der Frage, wie wir den jungen Mönch zur Demut hinführen können. Ich möchte dieses Kapitel in drei Abschnitte einteilen.

1) Geistliche Führung als Weg zur Demut

Hier habe ich fortwährend die fünfte Demutsstufe aus dem siebten Kapitel der Benediktusregel vor Augen[1]. Wir sahen, welches Risiko besteht, daß der geistliche Führer zu einem Helfershelfer der neurotischen Demut wird. Wie ging ein solcher in der jüngsten Vergangenheit – sagen wir, etwa am Ende des vorigen Jahrhunderts – zu Werke? In kürzester Zeit machte er sich das Krankheitsbild seines Patienten zu eigen. Was ich nun sage, ist eine Karikatur; aber sie soll etwas verdeutlichen. Es ist keine Anklage! – Der geistliche Vater wandte sich seinem geistlichen Sohn zu und versuchte, ihm seine Überzeugung beizubringen. Er gab also Vorstellungen, Ideale an ihn weiter, er ermutigte ihn, er appellierte an seinen Willen und seine Hochherzigkeit. Er munterte ihn auf, wenn er hie und da niedergeschlagen oder bedrückt war. Er sprach ihm Mut zu. Mit dem übrigen wurde der junge Mensch nicht konfrontiert. Davor mußte er auf der Hut sein. All das andere, das heißt also Gefühle, Verlangen, Begehren, Bedürfnisse, Nöte . . . , all das war nicht böse –

natürlich, das weiß jeder –, aber es war doch mehr oder weniger verwerflich; es wurde nicht darüber gesprochen. Zu einer echten Konfrontation mit den tiefsten Gefühlen, die eigentlich in diesem Menschen schon lange verschüttet waren, kam es in den meisten Fällen nicht. Aber auch der geistliche Führer selbst war zu jener Zeit mit seinen eigenen tiefsten Gefühlen nicht ins reine gekommen. Und die Gefühle anderer riefen darum nur Angst oder Unmut oder Scham in ihm wach, wenn sie überhaupt jemals an die Oberfläche kamen.

Das Problem einer solchen Methode ist, daß die Gnade hier eigentlich niemals zu ihrem Recht kommt. Denn die Gnade setzt für ihr Wirken sehr viel tiefer im Menschen an. Unsere tiefste Bedürftigkeit ist nicht intellektueller Art; sie liegt nicht erreichbar für die oberflächliche Willenskraft. Die Gnade knüpft an unsere Schwachheit an, dort, wo wir verwundet sind, dort, wo tiefstes, unser unaussprechliches Verlangen liegt. Der Geist begehrt wider das Fleisch, und das Fleisch begehrt wider den Geist, sagt Paulus. Fleisch ist hier nicht auf die Sexualität beschränkt, sondern gilt im umfassendsten Sinn des Wortes. Im Fleisch als dem Sitz der tiefsten Verlangen des Menschen, dort liegt der Anknüpfungspunkt. Dort liegt der Berührungspunkt zwischen Geist und Fleisch. Geist und Fleisch liegen im Streit gegeneinander. Aber wenn wir auf das Verlangen des Geistes in uns hören wollen, dann muß auch das Verlangen und Begehren des Fleisches an die Oberfläche kommen, muß wahrnehmbar und verfügbar werden. Wahrnehmbar, damit wir auch den Geist wahrnehmen können. Wir müssen also mit unseren eigenen Verlangen konfrontiert werden, damit das tiefe

Drängen des Geistes in uns ans Licht kommen kann.

Die geistliche Führung muß den jungen Mönch demnach seinen wirklichen Verlangen näherbringen, um ihn so dem Geist näherzubringen. Das ist die tiefe Bedeutung dessen, was Benedikt im Anschluß an eine lange Tradition auf der fünften Demutsstufe verlangt: das Aufdecken der verborgenen Gedanken, auch der Sünden. Es geht hier übrigens nicht um eine Beichte; es geht nicht einmal immer um eine Anklage. Es handelt sich hier nur darum, daß wir unsere Gedanken ans Licht bringen. Das Wort „Gedanken" ist allerdings, ebenso wie das griechische Grundwort *logismoí*, ziemlich irreführend. *Logismós*, wie es im Neuen Testament gebraucht wird (und das entsprechende Wort in den Qumran-Texten, ebenso wie das Wort, mit dem die syrische monastische Tradition *logismós* übersetzt hat), bedeutet soviel wie: (die) Absicht (haben), ein(en) Plan, ein Projekt, eine Intention (haben). Es geht hier also um meine tiefsten Absichten, Strebungen, Verlangen, Wünsche. Diese Strebungen und Gefühle erweisen sich oft als verdrängt, verborgen, unterdrückt, aufgestaut. Hie und da, im Gespräch mit einem anderen, kommen sie wieder zum Vorschein, treten sie heraus. Sie werden dann von einem anderen betrachtet. Sie wissen, daß Kassian sagt: Es genügt, einen Gedanken ans Licht zu bringen; allein schon dadurch wird er neutralisiert.

Was geschieht dann eigentlich? Die Gedanken werden von einem anderen besehen, angeschaut, und das heißt zuerst und vor allem: angenommen. Schon der Blick des anderen, ohne ein einziges Wort – vor allem nicht zu bald sprechen! – ist Licht. Es wird, besonders am Anfang, gar keine Stellungnahme verlangt. Auch keine Verurteilung im Sinne eines: „Sie sollten sich schämen." Wenn das die Atmosphäre des Gespräches ist, schadet es nur. Aber ebensowenig sollte man, was man heute leicht tut, beschönigen: „Oh, das war doch nicht so gemeint. Heute ist das doch möglich; nur nicht skrupulös sein. Das ist ja auch gar nicht nötig." Eine solche Reaktion ist genauso verhängnisvoll. Damit reagiert der geistliche Führer nämlich auf sein eigenes Über-Ich und überträgt unbewußt sein eigenes Problem auf den jungen Menschen, den er vor sich hat.

In erster Linie braucht man nur zuzuhören, weder zu beschönigen, noch zu verurteilen. Denn wenn der geistliche Vater mit seiner eigenen Instanz auf das Über-Ich des jungen Mönches einwirkt, dann wird alles nur noch schlimmer, dann bürdet er ihm nur noch mehr auf. Er muß sich also in dem Maß, als es menschlich möglich ist, von seinem eigenen Über-Ich lösen, um das des andern nicht zu belasten. Er hört sich alles an, er nimmt es in sich auf. Die konkreten Wünsche heißt er weder gut, noch lehnt er sie ab, doch er akzeptiert den Menschen, der sich ihm anvertraut. Dieser Mensch darf sein, wie er ist und wie er sich vor ihm bloßstellt, mit diesen Verlangen. Ob sie gut oder schlecht sind, braucht vorläufig noch nicht entschieden zu werden. Alles wird akzeptiert, auch wenn das, was da herauskommt, auf den ersten Blick unsinnig scheint, verworrenes Zeug. Es ist auch verworrenes Zeug. Doch dieses wirre Gerede birgt in sich die schwer zu entschlüsselnde Aus-wortung sehr tiefer, unbefriedigter, fundamentaler und ganz einfacher, normaler menschlicher Bedürfnisse und Verlangen.

Das wirre Gerede als solches ist verworren, aber in ihm liegt eine sinnvolle Rede verschlüsselt. Sie ist in diesem Menschen vermischt – ich sage noch nicht: mit Bösem, aber mit Unbeholfenheit, Unerfahrenheit, mit einer verkehrten Ausrichtung der Gefühle. Das Gesunde, das einfach Menschliche in diesem tiefen Verlangen muß zuerst respektiert werden. Und das ehrfürchtige Zuhören des geistlichen Vaters stärkt diesen schwachen Menschen in seinem Menschsein, über die Schwachheit hinweg! Es stärkt seine Würde als Mensch und als Glaubender, der es wird lernen müssen, sein Vertrauen allein auf Gottes Barmherzigkeit zu setzen. Das ist es, was Benedikt vom Abt verlangt, wenn er sagt: „Er hasse das Böse, aber er liebe die Brüder." Viel tiefer als die menschliche Schwäche in seinen Brüdern soll er die Menschen selbst lieben. Der Bruder muß sich geliebt fühlen, wie er ist, die Schwachheit eingeschlossen. Er hat eine Daseinsberechtigung, trotz seiner Fehler. Er ist liebenswert, trotz seiner Schwäche. Dieses erste Moment im geistlichen Gespräch ist äußerst wichtig, wenn der junge Mönch dazu kommen soll, seine eigene Schwachheit zu erfahren und anzunehmen.

Gewöhnlich gesteht man im Gespräch etwas ein, fügt aber zugleich allerlei hinzu, indem man etwas über die Umstände sagt und beteuert: „So war es nicht gemeint", und „eigentlich ist es nur einmal passiert", usw. In der ganzen Fülle der Angst, die man damit abreagiert, steckt keinerlei Eigendünkel oder Aufsässigkeit. Man ist vielmehr bloß übervoll von menschlicher Angst, und das kommt vom Über-Ich. Zuerst sollten wir, meine ich, darauf überhaupt nicht eingehen. Der junge Mensch wird sich mit der Zeit selbst darüber klar werden, daß diese Dinge eigentlich weniger wichtig sind. Wir dürfen es ihm aber auch nicht vorwerfen; das wäre noch schlimmer. Es ist jetzt gar nicht der richtige Zeitpunkt, um Vorwürfe zu machen. Wir schätzen diesen Menschen, selbst da, wo er schwach und unbeholfen ist. Das ist keine leichte Aufgabe für den geistlichen Vater, aber gerade darin, scheint mir, verwirklicht er diese Vaterschaft am ehesten: Er ist dann gleichsam eine Ikone des Vaters im Himmel, der die Sonne scheinen läßt über Gute und Böse, eine Ikone Jesu, der nicht für die Gerechten gekommen ist.

Wo der geistliche Vater sich wie ein Bruder neben den Schwächling stellt und sozusagen ein Stück des Weges mit ihm gegangen ist, wenn er sich neben ihn gestellt hat in seiner Schwachheit oder in dem, was er für seine Sünden hält – aber diese Frage ist noch nicht an der Reihe –, dann kann er ihm in einem geeigneten Augenblick auch etwas sagen. Aber nicht, ehe der rechte Zeitpunkt da ist, der gut überlegt sein soll. Er kann – ohne einen Verweis, ohne ein Urteil, ohne Beschönigung – etwas mitteilen über diese Gedanken und Gefühle. Das darf nicht zu früh geschehen, sondern erst, wenn es ganz klar ist, daß sich in diesem Klima des Vertrauens und der Liebe alle Angst und alle Scham von den so mühsam ausgesprochenen Gefühlen lösen konnten. Wenn der andere wirklich so weit ist, dann kann ein Wort gewagt werden, das all diese überzogenen Schuldgefühle wegfallen läßt. Und dann kann man den Dingen ein wenig nachgehen und nachspüren, was sich hinter den Verlangen eigentlich verbirgt, wo das tiefste Verlangen wurzelt, wo das tiefste Bedürfnis sitzt, das in diesem Menschen auf irgendeine Weise gewürdigt werden muß, denn es ist für ihn eine Frage auf Leben und Tod. Damit steht oder fällt sein tiefstes Menschsein. Nicht die Verlangen und Wünsche, wie sie sich kundtun – das ist das wirre Gerede –, sondern die tiefere Rede, das, was in ihm spricht, muß auf die eine oder andere Weise gewürdigt werden.

Wenn aber die Angst, die Scham, die Schuldgefühle einmal fortgefallen sind, dann erst ist meines Erachtens die Möglichkeit gegeben, daß die echte Sünde, das, was nach dem Evangelium als Sünde gilt, nach oben kommt. Bis dahin blieb sie verheimlicht und verborgen. Was ganz stark als Sünde und Schuld empfunden wurde, stellt sich danach nur mehr als harmlos heraus. Was aber nicht als Sünde erkannt worden war, erweist sich als stark mit Sünde behaftet und verwoben, mit verstecktem, unbewußtem Hochmut und vor allem mit einem Mangel an Gottvertrauen und Gottesliebe. Die menschlichen Gefühle und Verlangen kamen nicht im rechten Verhältnis mit ihren unvermeidlichen Frustrationen und mit der tieferen Bedeutung zum Vorschein, die sie für unsere Beziehung zu den anderen Menschen und zu Gott haben. Wenn jedoch die echte Sünde ans Licht kommt, tritt immer auch zugleich die Barmherzigkeit Gottes zutage. Das geht gar nicht anders. Die Sünde, die echte Sünde nach dem Evangelium, kann sich dem Menschen nicht anders offenbaren als im Lichte der Gnade Gottes. Sonst ist es noch ein verkehrtes Bild von der Sünde. Im Licht der Barmherzigkeit Gottes erscheinen die wahre Sünde und die wahre Reue, und das ist befreiend, neu schaffend; es ist eine Wiedergeburt, etwas sehr Positives. Unser begleitender Dialog vermag das nicht aus sich selbst. Aber er schafft eine Atmosphäre, in der die Gnade Gottes freier wirken kann, weil der junge Mensch spürt, daß er angenommen wird. Wer so mit seinen menschlichen Verlangen ins reine gekommen ist und nicht länger damit Verstecken spielt, der kann nun auch – und das ist ganz wichtig – einigen seiner Verlangen entsagen, im echt evangelischen Sinn des Wortes. Nur der Mensch, der mit seinen tiefsten Verlangen ins reine gekommen ist, kann wahrhaft entsagen ohne zu verdrängen. Er kann besser achtgeben auf ein tiefes Fühlen, ein tiefes Meinen, für das er – gewöhnlich, weil die Gnade ihn dazu ruft – sehr empfindsam geworden ist. Er kann schließlich auch seinen eigenen begrenzten und oberflächlichen Willensstrebungen und Wünschen entsagen, denn sie sind ja nur ein wirrer Ausdruck für ein viel tieferes Wort, das in ihm aufgekommen ist. Und indem er diesem wirren Gerede entsagt, kann er dem tieferen Verlangen des Heiligen Geistes in sich Raum geben, dem Willen Gottes. Und das ist Gehorsam, nämlich das Lauschen und Freiwerden für dieses tiefe Wollen Gottes in uns und für die Möglichkeit, auf eine positive Weise dem zu entsagen, was die Tradition den „Eigenwillen" nennt.

In dem oben beschriebenen bejahenden, aufbauenden Gespräch mit dem geistlichen Vater, das nach der Tradition immer eng mit dem Gehorsam verbunden war, wurde also der Eigenwille aufgedeckt. Der Mönch lebt nun so sehr im Frieden mit seinen Verlangen, daß er sie auch aufgeben kann, sobald der Wille Gottes für ihn deutlich wird. Und er kann das jetzt auf eine positive Weise, das heißt, ohne sich eine neue Frustration zuzuziehen, ohne ein neues Trauma, das die alten Frustrationen von neuem aufreißen würde. Vielmehr wird das nun ein befreiender Schritt vorwärts, in dem er wächst und innerlich aufblüht, eine neue Schwelle überschreitet und zugleich mehr Mensch, mehr Christ und mehr Mönch wird.

2) Demut und Lieben-Lernen

In diesem Dialog mit dem geistlichen Vater hat der Mönch ein gewisses Verständnis erfahren, eine tiefe Liebe und Wertschätzung, einen Abglanz der Liebe Gottes. Sanft und stark zugleich, denn Gott ist in seiner Liebe immer sanft und stark. Und allmählich wird er durch die Wirkung dieser Gespräche immer mehr er selbst – und wird auch selbst fähig, auf diese Weise zu lieben: sanft und stark. Ich meine, daß dies ein sehr wichtiges Moment seiner Entwicklung ist, über das viel zu sagen wäre, gerade deshalb, weil unsere Klöster im Mittelalter auch Schulen der Liebe sein wollten.

Wir sagten eben, daß die Demut zu einem Begriff geworden ist, mit dem wir uns schwertun. Und das gilt auch von der Liebe. Denn auch da ist der Spiegel nötig. Wir haben heutzutage Schwierigkeiten mit der Liebe, zuallererst deswegen, weil wir bis vor kurzem mit der gefühlshaften Liebe nichts anzufangen wußten. Ich glaube, die meisten Menschen unserer Generation haben dieses Problem noch nicht völlig gelöst. Wir wissen wohl, daß es anders sein müßte, aber die meisten von uns sind noch nicht aus Erfahrung versöhnt mit ihren tiefen Gefühlen und mit ihrem Bedürfnis nach Liebe.

Aber es besteht auch noch eine andere Schwierigkeit. Laufen wir heute nicht Gefahr, daß unsere Liebe auf zweierlei Weise verunstaltet wird? Zuerst, daß sie verbildet wird zu etwas sehr Aktivem. Um zu lieben, muß man etwas tun –

meinen wir. Das ist leichter, als etwas zu erspüren, als mitzufühlen! Und dann, daß wir die Liebe als etwas sehr Gemeinschaftliches verstehen. Wir betonen die sozialen Aspekte der Liebe, zum Nachteil der personalen Aspekte.

Liebe wird gewöhnlich verstanden als: sich aktiv einsetzen für die Gemeinschaft, für die Mitbrüder (wohlgemerkt: in der Mehrzahl!), für die Abtei, für den monastischen Orden . . . oder für das Vaterland, für das Proletariat, für die unterentwickelten Länder . . . Das ist typisch für unseren Kulturkreis, gerade weil wir mit unseren Gefühlen der Liebe nicht zurechtkommen. Es ist viel einfacher, in der Mehrzahl zu „lieben", denn das abstrahiert und idealisiert die Liebe wieder so stark, daß man sich im Konkreten ganz freigestellt wähnen kann von der Forderung, jemanden wahrhaft lieben zu lernen. So kommen meine tiefsten Gefühle nie nach oben; dann fühle ich nichts für die anderen, sondern dann fühle ich immer nur mich selbst. Dann empfinde ich mich als im Dienst für die anderen, und damit bin ich zwar glücklich und dankbar, aber ohne je wirklich verwundbar zu sein in meiner Schwachheit, wo die wirkliche Liebe anknüpfen kann.

Für manche Menschen kann diese sogenannte selbstlose Liebe ein Weg sein, echter Liebe und Demut auszuweichen. Man spricht von „Helden der Nächstenliebe". Man wird nicht sagen: „Er ist ein Held der Freundschaft." Das sagt man einfach nicht, denn entweder ist einer ein Freund, oder er ist es nicht. In der Ehe kommen Helden nur als Pantoffelhelden vor. Die Ehe hat nämlich nichts zu tun mit dieser idealisierten Heldenhaftigkeit, wohl aber mit echter Liebe. Das ist klar. Darum spricht man hier nicht von Heldentum, es sei denn, im verkehrten Sinn.

Es besteht also eine enge Beziehung zwischen Demut und echtem Lieb-haben. Um jemanden echt lieben zu können, muß ich von ihm verletzt werden können. Er schlägt mir eine Wunde. Es tritt in mir eine Schwäche zutage, die allein durch den Geliebten geheilt werden kann. Liebhaben heißt, jemandem sagen: Du bist meine Freude; ohne dich kann ich nicht mehr leben; irgendwo bedarf ich deiner; ich brauche dich. Liebe macht bedürftig, abhängig. Liebe öffnet uns für den anderen, macht empfänglich, horchend. Liebe macht mild gegen die anderen. Weil man in der Liebe an erster Stelle eine gewisse Armut erfährt – ich kann nicht mehr ohne den anderen sein –, darum ist echte Liebe und Freundschaft nie möglich ohne Demut. Andernfalls ist es eine erdrükkende Liebe. Das gibt es auch; das wissen wir alle aus Erfahrung. Ich denke hier an ein Wort Guerrics von Igny: „Proprium est amicitiae humiliare se pro amicis." Es ist der Liebe eigen, es ist die Eigenart der Freundschaft, sich für die Freunde zu erniedrigen. Auch in der monastischen Tradition hat man sehr oft, bis in die Regel des heiligen Benedikt hinein, den Ausdruck *humilis caritas:* Der Mönch soll seinem Abt in demütiger Liebe zugetan sein; der fremde Mönch, der zu Besuch kommt und kurz in der Abtei weilt, darf Bemerkungen machen *cum humilitate caritatis.* Diese beiden Haltungen gehen in der monastischen Tradition und in der Benediktusregel sehr gut zusammen. Ich persönlich habe den Eindruck, daß diese beiden zusammen vielleicht die monastische Tugend par excellence ausmachen: die *humilis caritas,* die milde, sanfte Demut gegenüber Gott und gegenüber den anderen. Manchmal geschieht es, daß man echten, heiligen Mönchen oder Monialen begegnet. Von manchen Begegnungen bei meiner Pilgerfahrt auf den Berg Athos habe ich mir ein sehr gutes Bild bewahrt. Da durfte ich mit einigen jener Eremiten in Kontakt kommen, die in völliger Einsamkeit leben. Ich hatte einen griechischen Dolmetscher bei mir, und ich meinte, solche Einsiedler müßten ganz harte, verwilderte Menschen sein, solche Helden der Askese. Ich war wirklich betroffen, wie mild diese Männer sind, sanft und demütig. Diese Offenbarung der sanften und demütigen Liebe war für mich eine große Gnade.

So kommt der Mönch ins reine mit einem seiner tiefsten Gefühle und Nöte: seiner Liebebedürftigkeit. Wer diese geistliche Armut und Niedrigkeit auf eine richtige, konkrete Weise zu leben lernt (und dazu wird in den meisten Fällen auch ein Lehrmeister nötig sein), der wird aus seinem tiefsten menschlichen Sein heraus empfindsam und verletzlich für die Liebe Gottes. Denn sosehr hat Gott die Welt geliebt, daß er seinen einzigen Sohn für sie dahingegeben hat. Er hat die neunundneunzig anderen Schafe zurückgelassen, um das verlorene Schaf zu suchen. Gott hat Bedürfnis nach dem Menschen. So sehr hat er die Welt liebgehabt!

3) Die Askese der Schwachheit

Erzählt man nicht viel Unwahres über diese Helden der Askese, die die Altväter gewesen sein sollen? Und haben wir nicht häufig eine sehr heidnische, stoische Auffassung von Askese in sie hineinprojiziert? *Sustine, abstine* . . . halte durch, unterdrücke, verzichte, enthalte dich, nimm Abstand von . . . und dann wirst du Herr deiner Verlangen und Leidenschaften . . . So kommt man zu einem ganz verkehrten Begriff von *apatheia*. Leben ohne Leidenschaft, ohne Kampf, das wäre das Allermindeste nach den monastischen Texten; die Leidenschaften sollten ausgerottet sein. Doch die Wirklichkeit belehrt uns eines andern. Diese ganze Askese läuft Gefahr (wie wir schon bei der Demut bemerkten), auf sich selbst gerichtet, ichbezogen zu bleiben.

Zu einem bestimmten Zeitpunkt in der Geschichte der Spiritualität haben wir vielleicht unbewußt gespürt, daß es so nicht mehr weitergehen kann. Dann kam im Westen eine neue Tendenz zum Durchbruch. Die Askese wurde in eine Spiritualität der Buße eingebaut. Wir fingen an, Buße zu tun, Sühne zu leisten. Dadurch wurde die affliktive (das heißt die verwundende, sich selbst Schmerz zufügende) Seite der Askese unterstrichen. Wir begannen zu leiden, um mit Christus mit-zuleiden für die Erlösung. Ich will die objektive Richtigkeit dieser Tendenz keineswegs in Zweifel ziehen! Sie birgt einen guten Kern. Doch darf man wohl auf die Tatsache aufmerksam machen, daß dieser Aspekt den Quellen der monastischen Spiritualität nahezu unbekannt ist. Und vor allem, daß dies als ein Weg zu Niedrigkeit und Demut ebenso zweideutig ist, wie viele andere Aktivitäten und Programme. Denn wenn ich mir vornehme, für die Sünder Buße zu tun, das heißt für andere – wie stelle ich mich da hin? Wo stehe ich dann? Andererseits müssen wir zugeben, daß auch die affliktive Seite der Askese, ja auch das Leiden als solches, durch die Passion Christi eine tiefe Bedeutung im Heilsplan bekommen hat.

Hier aber geht es um die Askese an sich. *Askesis* und *askein* heißt im Griechischen „sich einüben". Ist das ein Sich-Einüben auf seine eigenen Möglichkeiten, seine eigene Kraft? Ich glaube nicht. Askese bedeutet ein Sich-Einüben auf die Gnade. Und weil die Gnade immer nur bei unserer Schwachheit ansetzt, darum ist Askese, und muß es sein, ein Einüben auf unsere Schwachheit, ein Sich-Einspielen auf das Geheimnis von Schwachheit und Gnade. Ein Abtasten unserer Schwachheit und zugleich unserer *mensura*, wie Benedikt sagt: des Maßes der Gnade, die uns in diesem konkreten Augenblick von Gott geschenkt wird. Und das geschieht da, wo unsere Schwachheit umgestürzt wird, verwandelt wird in Kraft.

Erlauben Sie mir, ein Apophtegma von Abba Moses zu zitieren. Es kommt in verschiedenen Versionen vor, in der lateinischen Übersetzung wie auch in anderen Sammlungen, mit einigen bemerkenswerten Varianten. „Man fragte den Abba Moses: Was sind Fasten und Nachtwachen wert?" Das ist eine typische Frage! Warum soll man Askese treiben? „Abba Moses antwortete: Fasten und Nachtwachen haben zum Ziel, den Mönch zu entmutigen, ‚ut se dimittat', daß er sich aufgebe, und ihn zur Demut zu führen." Das ist wirklich sehr merkwürdig! Auf diese Weise soll er das Maß seiner eigenen Ohnmacht abtasten und zu dem Schluß kommen: Das kann ich eigentlich nicht. Das Apophtegma geht weiter: „Wenn er diese Frucht bringt, dann trifft der Mönch das Herz Gottes, und Gott tritt dazwischen mit dem Wunder."

Gott greift ein mit seinen Wundern! Jede Form echter Askese muß den Mönch irgendwie zu diesem Nullpunkt bringen, wo seine Kräfte zusammenbrechen, wo er mit seiner äußersten Schwachheit konfrontiert wird und ihr nicht mehr gewachsen ist. So wird sein Herz zerschlagen, zermalmt, zum *cor contritum*. Und mit seinem Herzen all seine menschlichen Vollkommenheitspläne. In diesem zerschlagenen, zerstoßenen Herzen, wo nur noch Schwachheit und Unvermögen herrschen, da kann die Kraft Gottes auftreten und alles neu übernehmen. Dann wird die Askese ein Wunder, ein fortdauerndes Wunder in einem erniedrigten und zermalmten Herzen, das ausgeliefert ist an seine eigene Schwachheit und an die Allmacht des Herrn. Ich bin überzeugt, daß monastische Askese einzig und allein – sonst ist es heidnische Askese – eine Gebärde armer und schwacher Menschen sein kann, die jetzt ihre Hoffnung auf die Gnade setzen. Sie führt zur Demut.

Gesetzt den Fall, ein junger Mönch kommt und fragt: „Vater Abt, darf ich morgen früh eine Stunde eher aufstehen? Ich kann es wohl, glauben Sie mir!" – „Nun, wenn Sie es können, dann ist es nicht nötig. Dann hat es ja keinen Sinn mehr! Denn wo stehen Sie dann? Dann stehen Sie auf der Seite der Gerechten . . . " Völlig anders wäre die Situation aber, wenn er sagte: „Das ist für mich ein schwacher Punkt, und ich spüre, daß Gott mich hier anruft, um durch diese Schwachheit hindurch an mir sein Wunder zu wirken." Das ist Askese. Und nicht jeder ist dazu berufen, das ist klar. Nicht jeder muß Mönch werden. Und nicht jeder muß eine Stunde früher aufstehen usw. Die Frage lautet nicht: Ist er hochherzig genug? Ist er stark genug? Reicht seine Gesundheit aus? Das kommt erst an zweiter Stelle. An erster Stelle steht die Frage: Wird dieser junge Mensch von Gott, vom Heiligen

Geist dazu gedrängt? Das heißt: Gibt Gott irgendwo eine Garantie – zu verspüren in dem, was man bei ihm als innerlich lebendig empfindet –, daß er durch diese Kraft den jungen Menschen in seiner Ohnmacht nicht zusammenbrechen lassen wird? Daß Gott ihn aus dieser Ohnmacht retten wird?

Ein anderes Beispiel aus der Überlieferung. Sie kennen wahrscheinlich den Brief von Makarius, *Epistola ad filios suos*, ein sehr altes Zeugnis, das höchstwahrscheinlich aus der Hand des echten Makarius von Ägypten stammt. Der Text ist nicht allzu lang; Isaak von Ninive zitiert ihn teilweise im Syrischen, und koptische Fragmente davon wurden, soviel ich weiß, Anfang dieses Jahrhunderts in Kairo veröffentlicht. Der ganze Brief handelt von den Versuchungen und ihrer Bedeutung. Ich zitiere in einer Stegreif-Übersetzung.

Das Herz ist in der Versuchung gleichsam dürr und welk geworden, sagt Makarius, ist drauf und dran, all diesen Versuchungen nachzugeben: der Versuchung zur Auflehnung, zum Ungehorsam, zum Weglaufen, zur Unkeuschheit. Bei jeder Versuchung ist der Mönch auf dem Punkt des Nachgebens. Und im allerletzten Augenblick, da schon alles verloren scheint, und er in den Wogen dieses Sturmes hin- und hergeschleudert wird – das ist das Bild, das Makarius gebraucht –, da greift Gott ein mit seiner heiligen Kraft. Nun zitiere ich wörtlich: „Der Gott aller Liebe öffnet dann die Augen seines Herzens und lehrt ihn, daß er allein es sei, der es ihm ermöglicht auszuhalten. So kann der Mensch endlich Gott loben in aller Demut und Zerknirschung des Herzens (*contribulatio cordis* steht hier im Lateinischen). Denn aus diesem schweren Kampf gehen hervor:

Demut, Zerknirschung des Herzens, Sanftmut und Milde des Gemütes."

In diesem alten Text, der schon kurz nach Antonius entstanden ist und lange vor Evagrius und den neu-platonischen Schemata, gegen die man sich so oft auflehnt, findet man also schon das vollständige Bild der monastischen Demut. Es ist auch, möchte ich sagen, die biblische Demut, Und sie allein ist der Sinn der monastischen Askese. Kann schon sein, daß es oft anders war, daß wir es vielleicht auch anders gelernt und weitergegeben haben. Aber dann tritt immer Gott dazwischen, auf irgendeine Weise. Denn er läßt nicht zu, daß jemand – sei es auch unbewußt – sich als Pharisäer aufstellt. Irgendwie läßt Gott die verwundbarste Stelle in diesem Menschen nach oben kommen, um ihm gerade dort mit seiner Gnade zu helfen.

Ich denke hier mit großem Mitgefühl an das Drama Luthers. Er kannte das sehr gesetzliche monastische Leben (oder Klosterleben) seiner Zeit und ist gerade in dem Augenblick ausgetreten, als er in diese Krise kam, die der Makarius-Brief beschreibt: als ihm nämlich deutlich wurde, daß er es aus eigener Kraft nicht schaffen würde. Er ist ausgetreten und hat alles verworfen. Auf einer der ersten Seiten seiner „Nachfolge" gibt Dietrich Bonhoeffer eine Analyse der Kritik Luthers am Klosterleben und sagt: Das Klosterleben war in dieser Zeit eigentlich etwas ganz Heidnisches geworden. – Ich kann verstehen, was er meint. Auch wenn er sagt: „Im Mißlingen seines Mönchslebens griff Luther nach der rettenden Hand der Gnade."[2]

Ich glaube, das ist richtig. Falsch war, daß er ausgetreten ist, daß er also nicht in dieser monastischen Askese ausgeharrt und auf die Rettung gewartet hat. Darin lag die Rettung: nicht in der Frontstellung gegen die monastische Askese, sondern gerade in seinem Scheitern, im „Mißlingen seiner Mönchsberufung". Ich glaube, jeder muß auf die eine oder andere Weise zu dieser Erfahrung kommen, und erst dann kann Gott rettend eingreifen. Aber vielleicht hatte Luther keine Berufung und hatte diesen Weg in stolzem Selbstbewußtsein eingeschlagen, seine eigene Sicherheit suchend? Und vielleicht war das die einzige Möglichkeit für Gott, ihn wirklich in die Schwachheit zu führen? Das ist möglich. Isaak von Ninive sagt: Wenn Gott keinen anderen Ausweg mehr hat, dann läßt er die Sünde zu. Er läßt die Sünde zu, um den Menschen in seine tiefste Schwachheit zu führen. Es ist der letztmögliche Weg. Aber zuweilen nimmt Gott eben seine Zuflucht zu diesem Weg, weil nur dort seine Kraft sich offenbart.

Dies brauche ich nicht weiter auszuführen. Dieser Nullpunkt, dieser Tiefpunkt der Askese liegt nach Makarius in Fasten, Nachtwachen, Ehelosigkeit usw. So auch nach Abba Moses. Wenn wir auf die Regel des heiligen Benedikt hören, so liegt für ihn dieser Punkt der Tiefe im Gehorsam, und das ist bei einer zönobitischen Gemeinschaft verständlich. Ich persönlich sehe diesen Nullpunkt vor allem in der vierten Stufe der Demut[3]. Die ersten vier Stufen sind nämlich eine fortschreitende Entsagung, ein fortschreitender Verzicht auf eigenen Willen und eigenes Urteil. Auf der ersten Stufe werde ich dem eigenen Willen nur entsagen, wo er mich auf die Sünde ausrichten würde, das heißt, ich entsage meinen sündhaften Verlangen, sündhaften Gefühlen. Der Blick Gottes wacht darüber, daß solches nicht geschehe. Die zweite Stufe der Demut geht etwas weiter. Sie bedeutet auch eine Absage an den eigenen Willen, aber nicht nur dort, wo er sündhaft ist. „Man hat kein Gefallen mehr daran", sagt der heilige Benedikt, „den eigenen Verlangen zu willfahren". Man will auf eine bestimmte Weise weiter gehen als die Durchschnittschristen. Das wird zu einer Art systematischer Absage an den eigenen Willen, um sich dorthin zu stellen, wo Christus stand, der Gehorsame schlechthin. Hier haben wir das Zönobitentum noch nicht erreicht; es kommt noch kein Oberer ins Spiel.

Die dritte Stufe der Demut ist das zönobitische Mönchtum. Es besteht darin, sich aus Liebe zu Gott in vollständigem Gehorsam einem Oberen zu unterwerfen. Das ist schon viel schwieriger. Es verlangt mehr Geduld und Hingabe, Auslieferung seiner selbst.

Und die vierte Stufe der Demut ist dann die Absage an den eigenen Willen am Rand der Verzweiflung. Denn man bekommt unangenehme Dinge auferlegt, man muß allerhand Unrecht erdulden, man darf sich nicht entmutigen lassen. Wer bis ans Ende ausharrt, wird gerettet werden. Man muß treu sein in allen möglichen Anfeindungen und auf den Herrn harren. Um deinetwillen werden wir jeden Tag aufs neue getötet, als Schafe erachtet, die zum Schlachten bestimmt sind. Aber in all dem obsiegen wir. Du hast uns erprobt, im Feuer geprüft ... Du hast Menschen über unser Haupt gesetzt ... Und doch wird der Herr mich in dieser Nacht – der heilige Johannes vom Kreuz spricht von Nächt*en* – befreien. Die benediktinische Nacht, wenn ich es so ausdrükken darf, ist die Nacht des Gehorsams auf der vierten Stufe der Demut. Etwas, was wir nicht bewältigen können, doch woraus der Herr uns befreit.

Anmerkungen:

1 Auf der fünften Stufe der Demut steht, wer alle bösen Gedanken, die ans Herz herankommen, und die heimlich begangenen Sünden vor seinem Abt nicht verbirgt, sondern ihm demütig bekennt. Dazu mahnt uns die Schrift mit den Worten: „Enthülle deine Wege vor dem Herrn und hoffe auf ihn." Und wiederum sagt sie: „Legt dem Herrn ein Bekenntnis ab; denn er ist gut und seine Barmherzigkeit währt ewig." Und der Prophet spricht: „Mein Vergehen habe ich dir bekannt und meine Ungerechtigkeit nicht zugedeckt. Ich sprach: Wider mich selbst will ich dem Herrn mein Unrecht offenbaren, und du hast die Bosheit meines Herzens verziehen."

2 „Das demütige Werk der Nachfolge war im Mönchtum zum verdienstlichen Tun der Heiligen geworden. Die Selbstverleugnung der Nachfolgenden enthüllte sich hier als die letzte geistliche Selbstbehauptung des Frommen. Damit war die Welt mitten in das Mönchsleben hineingebrochen und in gefährlichster Weise wieder am Werk." (Bonhoeffer, *Nachfolge,* S. 18) und: „Luther scheiterte mit seinem Weg an Gott selbst . . . In diesem Scheitern der letzten Möglichkeit eines frommen Lebens ergriff Luther die Gnade. Er sah im Zusammenbruch der mönchischen Welt die rettende Hand Gottes in Christus ausgestreckt. Er ergriff sie im Glauben daran, daß ‚doch unser Tun umsonst ist, auch in dem besten Leben'!" (ebd.).

3 Die vierte Stufe der Demut erreicht, wer auch bei harten und widrigen Aufträgen und selbst bei zugefügtem Unrecht diesen Gehorsam übt, im Gewissen schweigend die Geduld bewahrt, und alles trägt, ohne müde zu werden, oder gar davonzulaufen. Steht doch geschrieben: „Wer ausharrt bis zu Ende, wird gerettet werden", und wiederum: „Es erstarke dein Herz; laß den Herrn gewähren."
Die Getreuen müssen für den Herrn alles, auch das Widerwärtige aushalten. So lehrt die Schrift und legt den Leidgeprüften das Wort in den Mund: „Deinetwegen werden wir getötet den ganzen Tag und erachtet wie Schlachtschafe." Aber weil sie auf Gottes

Vergeltung bauen, legen sie alle Furcht ab und fahren mit Freuden fort: „All das überwinden wir seinetwegen, der uns geliebt hat."
An einer anderen Stelle sagt die Schrift: „Du hast uns geprüft, Herr, du hast uns im Feuer erprobt, wie Silber im Feuer erprobt wird. In der Schlinge hast du uns geführt, uns Trübsal auf den Rücken geladen." Und um zu zeigen, daß wir unter einem Obern sein müssen, fügt sie bei: „Du hast Menschen über uns gesetzt." Aber die Demütigen erfüllen das Gebot des Herrn in Geduld, auch wenn man sie kränkt und ungerecht behandelt. Auf die eine Wange geschlagen, halten sie auch die andere hin. Hat man ihnen den Rock genommen, so verzichten sie auch auf den Mantel. Zu einer Meile genötigt, gehen sie zwei. Mit dem Apostel Paulus ertragen sie falsche Brüder und segnen jene, die ihnen fluchen.

MÜNSTERSCHWARZACHER KLEINSCHRIFTEN

Schriften zum geistlichen Leben

ISSN 0171-6360

herausgegeben von Mönchen der Abtei Münsterschwarzach

Anselm Grün OSB

1 **Gebet und Selbsterkenntnis**
ISBN 3-87868-105-4 (1979) 56 S. DM 4,80

Basilius Doppelfeld OSB

2 **Der Weg zu seinem Zelt**
Der Prolog der Regula Benedicti als Grundlage geistlicher Übungen
ISBN 3-87868-106-2 (1979) 64 S., DM 5,40

Fidelis Ruppert OSB / Anselm Grün OSB

3 **Christus im Bruder**
nach der Regel Sankt Benedikts
ISBN 3-87868-109-7 (1979) 56 S., DM 4,80

Pirmin Hugger OSB

4 **Meine Seele, preise den Herrn**
Gotteslob als Lebenssinn
ISBN 3-87868-107-0 (1979) 86 S., DM 7,40

André Louf OCSO

5 **Demut und Gehorsam**
bei der Einführung ins Mönchsleben
ISBN 3-87868-113-5 (1979) 55 S., DM 4.80

Anselm Grün OSB

6 **Der Umgang mit dem Bösen**
Der Dämonenkampf im alten Mönchtum
ISBN 3-87868-123-2 (1980) 84 S., DM 7,40

Anselm Grün OSB

7 **Benedikt von Nursia – Seine Botschaft heute**
ISBN 3-87868-124-0 (1979) 60 S., DM 5,20

Pirmin Hugger OSB

8 **Ein Psalmenlied dem Herrn**
Teil 1: Möglichkeiten des heutigen Psalmengebets
ISBN 3-87868-110-0 (1980) 72 S., DM 6,80

Pirmin Hugger OSB

9 **Ein Psalmenlied dem Herrn**
Teil 2: Impulse zum christlichen Psalmengebet;
Psalm 1 – 72
ISBN 3-87868-111-9 (1980) 80 S., DM 7,60

Pirmin Hugger OSB

10 **Ein Psalmenlied dem Herrn**

Teil 3: Impulse zum christlichen Psalmengebet;
Psalm 73 – 150

ISBN 3-87868-112-7 (1980) 80 S., DM 7,60

Anselm Grün OSB

11 **Der Anspruch des Schweigens**

ISBN 3-87868-126-7 (1980) 72 S., DM 6,80

Bernardin Schellenberger OCSO

12 **Einübung ins Spielen**

ISBN 3-87868-127-5 (1980) 52 S., DM 4,80

Anselm Grün OSB

13 **Lebensmitte als geistliche Aufgabe**

ISBN 3-87868-128-3 (1980) 60 S., DM 5,60

Basilius Doppelfeld OSB

14 **Höre, nimm an, erfülle**

St. Benedikts Grundakkord geistlichen Lebens

ISBN 3-87868-141-0 (1981) 68 S. DM 6,80

Edgar Friedmann OSB

15 **Mönche mitten in der Welt**

Vom Weltverhältnis der Mönche

ISBN 3-87868-108-9 (1981) 76 S. DM 7,40

Anselm Grün OSB

16 **Sehnsucht nach Gott**

Zeugnisse junger Menschen

ISBN 3-87868-151-8 (1982) 64 S. DM 6,40

Weitere Veröffentlichungen in dieser Reihe folgen.

VIER-TÜRME-VERLAG

D-8711 Münsterschwarzach Abtei (09324) 20-292